WOHNIDEEN
AUS DEM WAHREN LEBEN

Was mein Herz begehrt

PETRA HARMS

CALLWEY

WOHNIDEEN
AUS DEM WAHREN LEBEN

AUSGESCHIEDEN

PETRA HARMS

INHALT
Inspiration der Wohnblogger

VORWORT
HAPPY INSPIRATION ›06

DIE JURY
UND DIE WOHNBLOGGER DES JAHRES ›08

GOLD
AUF DEM DEKO-SIEGESTREPPCHEN
GANZ OBEN ›10

RETRO
DER BLICK ZURÜCK BRINGT DAS
INTERIOR NACH VORN ›22

MINIMAL
DETOX FÜR DIE WOHNUNG ›62

GEGEN DIE WAND
VERTIKALE INSZENIERUNG IM AUFWÄRTSTREND ›98

TROPICAL
EXOTISCHES WIRD IM INTERIOR HEIMISCH ›136

SAMMELLIEBE
KOLLEKTIONEN JEDER ART UNTERSTREICHEN
DIE PERSÖNLICHKEIT ›154

BOTANIK
GRÜN WÄCHST ÜBER SICH HINAUS ›172

CLICK ›222

IMPRESSUM ›224

172 BOTANIK

136 TROPICAL

98 GEGEN DIE WAND

62 MINIMAL

Happy Inspiration

TRENDS TAUCHEN IN DER MODE WIE IM INTERIOR AUF. DIESES BUCH SOLL DABEI HELFEN, DAS PASSENDE UPDATE INDIVIDUELL FÜR SICH ZU ENTDECKEN UND ZU INTERPRETIEREN. ES GEHT NICHT UM MUST HAVES, SONDERN UM SPASS AN NEUEN MITBEWOHNERN, DIE DAS ZUHAUSE MIT IHRER PRÄSENZ BEREICHERN.

Die besten Interior-Blogger Europas reisen in Metropolen, sind auf Messen unterwegs, tauschen sich aus und erspüren so als erste neue Trends. Deshalb haben wir 15 Kollegen aus sechs Ländern gebeten, die wichtigsten Strömungen des Jahres zu bestimmen. So unterschiedlich die Blogs und Stile auch sind, unsere Top-Blogger haben sieben Signale herausgefiltert, die sich 2015/16 manifestieren. Pflanzen sind einer der wichtigsten Trends, egal ob es sich um üppige Indoor-Gärten, Kakteen oder Botanik-Prints handelt. Durch die Blogwelt sprießt und wuchert Grünes und die Natur erobert sich einen Platz im Wohnbereich zurück. Auch Gold und Messing schließen auf dem Blogger-Dax mit Höchstpunkten ab. Dass Trends auch eine Rückkehr bedeuten können, zeigen Vintage-Themen, denen die Experten einen großen Stellenwert einräumen. Es wird nicht voreilig entsorgt und weggeworfen, sondern bewahrt, umgestaltet und neu interpretiert. Mit kreativen Ideen setzen Trendsetter Altes, Geerbtes und Gefundenes in Szene und hauchen ihm eine neue Seele ein. Uns ist wichtig, dass es bei diesem Jahrbuch „Wohnideen aus dem wahren Leben" nicht darum geht, alles zu Hause auszutauschen und neu zu dekorieren. Vielmehr wollen wir zeigen, wie man mit wenig Aufwand und kleinen Kniffen auch die großen Trends schnell und unkompliziert umsetzen kann. Die besten Blogger haben uns dabei begeistert mit ihrem Knowhow und Ideen unterstützt. Zum Dank haben wir zum ersten Mal einen Interior-Award ins Leben gerufen und drei Blogger in drei Kategorien prämiert: Als „Interior Blog of the Year" haben wir monsterscircus von Mette Jakobsen gekürt, die uns mit ihren DIY's und Ideen immer wieder aufs Neue inspiriert. Swoon Worthy von Kimberly Duran überreichen wir die Auszeichnung „Best Creative Idea" für die – inzwischen vierte – Umgestaltung einer Kommode, die zeigt, wie leicht man Trends in Bestehendes integrieren kann. Der Preis in der dritten Kategorie „Best Individual Style" geht an Anastasia Benko. Ihre Bilder erkennt jeder sofort, ob sie ein Stilllife oder eine Küchenzeile fotografiert. Die anderen zwölf Blogger bekommen zwar keinen Preis aber begeisterten Applaus für die Leidenschaft, mit der sie unsere Welt und unser Zuhause schöner machen. Vielen Dank und viel Spaß beim Dekorieren und Inspirierenlassen.

DIE JURY

DAS INTERIOR-TRIO MIT GESPÜR FÜR TRENDS UND STIL-THEMEN. DIE DREI BLOGGER ARBEITEN SEIT JAHREN NICHT NUR AN IHREN EIGENEN PROJEKTEN SONDERN SIND AUCH INTERNATIONAL ARRIVIERT

Eclectictrends.com

Happyinteriorblog.com

23qmstil.blogspot.de

GUDY HERDER

von Eclectic Trends lebt seit vielen Jahren in der Szene-Stadt Barcelona. Sie ist in der europäischen Blogger-Community bekannt als Trendexpertin, Gibt Konferenzen und berät Kunden zum Thema Interior- und Lifestyle-Trends. In ihren Workshops unterrichtet sie die Kreativtechnik Moodboarding und zeigt dabei Techniken, Tipps und Tricks, wenn ein Konzept visuell und haptisch verständlich gemacht werden soll.

eclectictrends.com

IGOR JOSIFOVIC

von Happy Interior Blog ist einer der beliebtesten und bestvernetzten Design-Blogger auf dem europäischen Markt. Igor ist unter anderem Gründungsmitglied von der internationalen Blogger-Community „Urban Jungle Bloggers", die sich über Blumen, Pflanzen und alles Grüne austauscht und immer mehr an Zuwachs gewinnt. Sein Blog verzeichnet durchschnittlich 30.000 Besucher im Monat.

happyinteriorblog.com

RICARDA NIESWANDT

23qm Stil gehört zu den bekanntesten und informativsten Wohnblogs im deutschsprachigen Raum. Neben ihrer Tätigkeit als Stilexpertin, gründete sie vor einigen Jahren erfolgreich „Blogst", ein Netzwerk für deutsche Lifestyle-Blogger, für das Ricarda Events und Workshops organisiert. Die Veranstaltung ist zu einer festen Größe in der Blogger-Community geworden und ein Muss für jeden Szene-Schreiber.

www.23qmstil.com

INTERIOR BLOG OF THE YEAR
MONSTERSCIRCUS

BEST CREATIVE IDEA
SWOON WORTHY

BEST INDIVIDUAL STYLE
ANASTASIA BENKO

BRITTA BLOGGT
CURATE AND DISPLAY
HILDE MORK
LA MAISON D'ANNA G
LEBENSLUSTIGER
LOBSTER AND SWAN
LOOK! PIMP YOUR ROOM
MADAME LOVE
PATCHWORK HARMONY
TRANSITO INICIAL
UNDUETRE ILARIA
WIENER WOHNSINN

GOLD

Auf dem Deko-Siegertreppchen ganz oben

VON GOLD- UND MESSINGTÖNEN GEHT EIN WARMER
GLANZ AUS, DER JEDEM ZUHAUSE, DEZENT EINGESETZT,
EIN KLEINES BISSCHEN LUXUS EINHAUCHT.

Glänzend aufgelegt: Messing und Gold in allen Schattierungen sind die glamourösen Verwandten des Metallic-Looks, die jetzt die Wohnung betreten und mit ihrer bloßen Präsenz Furore machen. Im Bad oder in der Küche werden Armaturen, Griffe und Körbe durch das Finish aufgewertet, auf dem Tisch bekommen formal minimalistische Vasen oder Kerzenhalter in Gold etwas Opulentes und Rahmen verleiht ein Goldanstrich sofort Glamour. Je nach Geschmack kann man die polierten oder mattierten Metalle mit dunklen Stoffen und eleganten Möbeln kombinieren, um Club-Atmosphäre zu schaffen. Oder man setzt ihnen helles Holz, Glas oder Beton gegenüber, um einen modernen, kontrastreichen Look zu kreieren.

MINIMALISMUS
Vintage-Kerzenständer von BMF lassen sich auch als Mini-Vasensystem nutzen. Das Grün des Eukalyptus wirkt mit dem goldigen Begleiter noch intensiver.
MONSTERSCIRCUS.COM

GOLD

**CALIFOR-
NICATION!**
Die üppige
Verwendung
von Pastell und
Gold bringt
Palm-Springs-
Glam mit sich.
Exotische
Accessoires
unterstützen
den Look.
SWOONWORTHY.CO.UK

Luftpost: Vogelfedern mit Metallic-Farbe ansprühen und in kleinen Vasen arrangieren. So hat man eine sehr feminine, zarte Deko. Wer will, kann noch eine Kugelschreibermine in den Federkiel schieben und schreibt einen kleinen Liebesgruß damit.

METALLMIX Messing ist eine Legierung aus Kupfer und Zink. Deshalb harmonieren die beiden Metalle gut miteinander. Federn und Glas addieren Leichtigkeit.
MONSTERSCIRCUS.COM

DIKTAT Ein Moodboard hilft, um festzustellen, wie weit man einen Trend ins eigene Wohnen integrieren will. Notizen kann man ja schon mal mit dem Goldstift dazu schreiben...
MONSTERSCIRCUS.COM

GOLD

DUO DE LUXE Gold bringt mattes Schwarz zum Leuchten. Das funktioniert im Kleinen bei Accessoires. Mutige können so auch eine schwarze Wand akzentuieren.
MONSTERSCIRCUS.COM

GOLD

ORIENT-EXPRESS
Gold ist die perfekte Farbe für marokkanische Lampen und Posamenten-Kissen, um mit wenigen Accessoires orientalische Opulenz zu imitieren.
WIENERWOHNSINN.AT

Vorbild Cartier: Beim ‚Trinity-Ring' sind drei Goldtöne – Gelb-, Rot- und Weißgold – harmonisch ineinander verschlungen. Das funktioniert genauso gut beim Interior mit Messinglampe und Silbertablett.

GALAKTISCH
Die Kugellampe mit Goldfinish wirkt wie ein aufgehender Mond über dem Esstisch. Mit etwas Goldspray auch ein easy DIY
MONSTERSCIRCUS.COM

GOLD

**SPIEGEL-
KABINETT**
Unterschiedliche
Vintage-Spiegel
an einer Wand
ergeben dank der
einheitlichen
Patina ein harmo-
nisches Bild.
MONSTERSCIRCUS.COM

FEENSTAUB Kissen mit kleinen Goldpailletten wirken zusammen mit schweren Samtstoffen nahezu märchenhaft.
SWOONWORTHY.CO.UK

PRISMA Gelbgold ist eine warme Farbe, die ein entsprechendes Licht verströmt. Der kunstvolle Schliff der Hängelampen lässt sie noch wertvoller erscheinen.
WIENERWOHNSINN.AT

GOLD

Gold wirkt besonders spannend, wenn man es mit einem Industrial-Look und natürlichen Materialien paart.

HINTER GITTERN
Je filigraner die Struktur, desto zurückhaltender gibt sich die Farbe Gold. Als Tablett lässt der Goldkorb das Teeservice aus Steingut feiner aussehen.
MONSTERSCIRCUS.COM

RETRO
Der Blick zurück bringt das Interior nach vorne

RE-EDITIONEN UND VINTAGE-INTERIOR LASSEN DIE VERGANGENHEIT WIEDER AUFLEBEN – MAL RUSTIKAL, MAL GLAMOURÖS UND DABEI IMMER MIT NOSTALGISCHEM CHARME.

Was haben die Besuche bei der Großmutter für uns nur so unwiderstehlich gemacht? Die geheime Schublade voller Süßigkeiten? Die liberalere Auslegung von Tischregeln und Bettzeiten? Einen nicht unwichtigen Beitrag hat sicher auch ihre Einrichtung geleistet, die sich nicht nach Trends, sondern Komfort gerichtet hat, die Ruhe und Behaglichkeit ausstrahlte. Dieser Look ist das Vorbild für die beiden angesagten Retro-Stile: Cottage-Chic und Granny Glam. Die rustikale Version mit Naturmaterialien und einer zurückhaltenden Dekoration lässt unsere Sehnsucht nach Landluft auch in der Stadt wahr werden. Die glamouröse Variante spielt mit Perlen, Kristall und Ornamenten, um den Glanz der Vergangenheit zu zelebrieren. Denn auch unsere Omas haben nicht alle die gleichen Geschichten erzählt – auch wenn die geheime Schublade bei keiner wirklich geheim war.

HANDWERK
Früher hieß DIY zwar Handarbeit, das Ergebnis ist jedoch das gleiche: individuelle Stücke, die das Leben bereichern und Generationen überdauern
HILDEMORK.COM

COTTAGE-CHIC

Die ländliche Interpretation von Vintage

DIE STADTFLUCHT OHNE UMZUGSWAGEN GELINGT, WENN MAN KORBGEFLECHT UND LEINENSTOFFE, EINWECKGLÄSER UND KERAMIKTÖPFE, OBSTZWEIGE UND GRÜN IN SEIN INTERIOR PACKT.

HUT AB!
Die provenzalische Anmutung entsteht vor allem durch die zerknautschten Strohhüte an der Tür gepaart mit Schattierungen in Olive.
UNDUETRE-ILARIA.COM

RETRO – COTTAGE-CHIC

Wie ein Blick in den Apfelgarten: Die Kombination von reinem Weiß und verwaschenem Grün ist das Farb-Stilmittel, um Cottage-Flair zu generieren.

KACHEL-KICK Manchmal reicht auch nur eine Andeutung mit Hilfe von ein paar besonders schön glasierten Kacheln, um in der Küche Nostalgie-Stimmung zu verbreiten.
ANASTASIABENKO.COM

HEISSE WARE So ein Ofen von La Cornue ist eine kostspielige Anschaffung. Sie rentiert sich, weil Generationen ihren Sonntagsbraten darin schmoren. Kräutertöpfe und Gusseisenbräter lassen aber auch einen modernen Herd alt aussehen – im besten Sinne des Wortes.
UNDUETRE-ILARIA.COM

TÄUSCHUNGS-MANÖVER

Für den Cottage-Chic muss man nicht unbedingt Flohmärkte auf dem Land abklappern. Eine Tapete oder Wall Mural (z.B. über tapetenagentur. de oder von Élitis) schafft die Illusion eines shabby Betthauptes.
ANASTASIABENKO.COM

RETRO – COTTAGE-CHIC

LEERSTELLE
Prunkvolle, aber leere Rahmen wirken, als hätten Gutsbesitzer ihre Gemälde veräußern müssen. Elegant und stolz.
ANASTASIABENKO.COM

BLOGGER-INTERVIEW

ILARIA FATONE

UNDUETRE-ILARIA.COM

Mediterran, Landhaus, Retro – wie vereint man diese drei Elemente zum Cottage-Chic? Leichte natürliche Materialien wie Leinen und dünne Wolle und helle Farben sind der Schlüssel. Pflanzen, die unterschiedliche Grüntöne hinzufügen, unterstützen diesen Look, vor allem, wenn man sie in alten und neuen Übertöpfen aus Terrakotta sammelt. Wenn es irgendwie geht, sollte man auf dichte Gardinen verzichten, die das Sonnenlicht schlucken.
Was sollte man beim Wohnen mit Vintage-Stücken beachten? Es müssen keine teuren Antiquitäten sein, ein paar Vasen, ein Stuhl, ein Bild oder Rahmen reichen. Aber damit die Highlights aus vergangenen Zeiten auch als solche wahrgenommen werden können, brauchen sie immer auch moderne Gegenspieler.
Gibt es räumliche Vorgaben, die einen Look bestimmen? Ich ziehe alle paar Jahre um und finde immer andere Gegebenheiten vor, an die ich meinen Stil anpassen muss. In unserer Wohnung in Aix-en-Provence haben die Terrakottaböden es z. B. unmöglich gemacht, Wände wieder so bunt wie in Paris zu streichen. Deshalb komplementiert jetzt strahlendes Weiß die Fliesen.
Der beste Ratschlag beim Einrichten? Coco Chanels Spruch lässt sich auch auf das Wohnen übertragen: Bevor man aus dem Haus geht, in den Spiegel gucken und immer ein Stück ablegen. Weniger ist beim Einrichten mehr, nur Pflanzen können eigentlich nie genug vorhanden sein.

Ilaria Fatone

Wandteller sind ein Relikt aus Großmutters Zeiten, die jetzt ein Revival erleben. Man kann das Porzellan auch selbst mit schönen Zitaten verzieren und im Ofen brennen.

UNTER GLAS
Cloches sind Verwandlungskünstler. Alles, was darunter steckt, wirkt kostbar und fragil – selbst ein getrockneter Blumenstrauß wird zum Kunstwerk.
ANASTASIABENKO.COM

ZUFALLS-BEKANNT-SCHAFT Ein Resopaltisch, der in der Landküche seit den 50er-Jahren schon viele Strapazen und Schnibbelarbeiten überstanden hat, wirkt durch scheinbar behelfsmäßig arrangierte Accessoires authentisch.
BRITTA-BLOGGT.
BLOGSPOT.DE

LEINEN LOS
Jedes Schlafzimmer bekommt mit weißer Leinenbettwäsche den Flair eines Landgasthofes. Der altmodische Lampenschirm mit Quasten macht den aus der Zeit gefallenen Look komplett.
ANASTASIABENKO.COM

RETRO – COTTAGE-CHIC

WEISSWARE
Ein Stillleben aus weißen Kannen erinnert immer ein wenig an Melkküche. der Spiegel gibt dem Arrangement zusätzlich Dimensionalität.
UNDUETRE-ILARIA.COM

FARBTRIO Schiefergrau, Schneeweiß und Stroh – diese drei Farben ergänzen sich zu einem harmonischen Ambiente. PS: Auch die meist weißen Kaminattrappen kann man mit Farbe zu einem Marmorlook stylen.
UNDUETRE-ILARIA.COM

NATURBUND Selbst wer keinen Kamin zu Hause hat, kann mit einem Stapel Holz suggerieren, dass es bei ihm behaglich zugeht. HILDEMORK.COM Ein Blumenkranz bringt zusammen mit gustavianischem Mobiliar Mittsommerlaune ins Haus. ANASTASIABENKO.COM

RETRO

GRANNY GLAM

Räume werden zu Schmuckschatullen voller Erinnerungen

DER GLANZ VERGANGENER ZEITEN WIRD BEI DIESEM TREND MIT GLAMOURÖSEN AKZENTEN, FEMININER RAFFINESSE UND ZARTEN TEXTUREN AUFPOLIERT.

MUSCHELSUCHER
Austernschalen vom letzten Strandurlaub. Fest oder Fischhandler mit Blattgold verzieren, schon hat man Schälchen, die unique und dekorativ sind.
LOBSTERANDSWAN.COM

GRÜNER PUNKT
Besser als Glasflaschen in den Container zu werfen: mit Fotos aus dem Familienalbum bekleben und als Vasen auf einem Wälzer aus dem Antiquariat arrangieren.
LOBSTERANDSWAN.COM

THEMENFINDUNG
Filme sind eine wunderbare Inspirationsquelle. Bei dem Trio aus Karteikartenschrank, Schreibtischlampe und Schreibmaschine stand der Büro-Look à la „Mad Men" Pate.
PATCHWORKHARMONY.CO.UK

WEISSES HAUPT Die ideale Blume für den Granny Glam ist eine weiße Hortensie, die mit ihrem fluffigen Kopf an das ondulierte Haupt einer alten Dame erinnert.
PATCHWORKHARMONY.CO.UK

Pudrige Blautöne wecken zusammen mit Holz und Silber die Sehnsucht nach Meer und lassen von der Côte d'Azur träumen.

GLAS-PERLENSPIEL
Vintage-Ketten sind über Kommoden ein dekorativer Wandschmuck. Stimmig wird's, wenn andere Accessoires den Farbton der Steine aufgreifen.
LOBSTERANDSWAN.COM

Ein bewusst moderner Kontrast lässt den Retro-Appeal deutlich hervortreten.

MOODBOARD
Aus einer schnöden Pinnwand oder Magnettafel wird ein Hingucker, wenn man sie mit einer barocken Leiste rahmt.
LOBSTERANDSWAN.COM

RETRO – GRANNY GLAM

EISERNE HOCHZEIT
Materialien und Bilder aus einer Ära gehen eine spannende Liaison ein. Industrial-Charme und Glamour-Accessoires sind sogar eine Ehe fürs Leben.
LOBSTERANDSWAN.COM

SORTIMENT Dinge, die man oft braucht, sollten stets griffbereit sein. Dafür lassen sich z.B. Schraubenkästen, Flaschenkisten oder auch ein Kaufmannsladen zweckentfremden.

RETRO – GRANNY GLAM

EINZELTÄTER
Statt mit vielen kleinen Accessoires zu arbeiten, schafft auch ein größeres Objekt wie ein Spiegel eine ganz andere Atmosphäre im Raum.
TRANSITOINICIAL.COM

SPIELTRIEB
Ob Kuscheltier oder Spielzeugauto, eine Schleife vom Taufkleid oder ein krakeliges Bild – liebevoll inszeniert, erfahren Kindheitserinnerungen besondere Wertschätzung
MADAME-LOVE.COM

RETRO – GRANNY GLAM

EHRENSACHE
Aus Putzkitteln oder Omas alten Sonntagskleidern lassen sich Servietten, Tischläufer oder Kissen nähen.
LOBSTERANDSWAN.COM
Ein Foto vom Opa und Schleierkraut wirken, als würden die Großeltern noch einmal heiraten.
LOBSTERANDSWAN.COM
Ein Stillleben wird durch verschiedene Höhen spannender.
MADAME-LOVE.COM
Jede Woche frische Schnittblumen zu kaufen, kann kostspielig werden. Günstiger ist ein Bund Schleierkraut, Gräser, Dill oder Frauenmantel.
LOBSTERANDSWAN.COM

BLOGGER-INTERVIEW

JESKA HEARNE

LOBSTERANDSWAN.COM

Was ist das Besondere am Granny Glam?
Ich mag Dinge mit Geschichte, ein paar Kratzern und Dellen. Man kann seinen Fundus an charmanten Accessoires kontinuierlich erweitern, wenn man die Augen aufhält und in Wohltätigkeits-Shops, auf Flohmärkten und sogar auf dem Sperrmüll sucht.

Luxus statt Shabby, worauf sollte man achten?
Der Granny Glam braucht unterschiedliche Texturen, ein bisschen Glimmer und gutes Licht. Meine Großmutter und Urgroßmutter waren gute Lehrmeisterinnen, von denen ich viel übernommen und geerbt habe.

Wie integriert man den Look in den Alltag?
Vintage-Fundstücke und moderne Objekte sollten sich die Waage halten. Außerdem bei allen Anschaffungen immer nach dem Prinzip „sehr schön oder sehr nützlich" vorgehen, um Fehlkäufe oder eine Akkumulation an Nonsens zu vermeiden.

Jeska Hearne

WERBEPAUSE
Nichts bringt leichter die Aura des Vergangenen in die Wohnung als alte Werbeposter (z.B. über thevintageposter.com). Perfekt, wenn auch noch ein Accessoire die Ära widerspiegelt wie hier die Tiffany-Lampe.
UNDUETRE-ILARIA.COM

RETRO – GRANNY GLAM

AUFLAGE Spitzen- und Häkeldeckchen würden selbst einen Acryltisch mit Spießigkeit überlagern, auf einem Shabby-Schränkchen wirken sie natürlich harmonischer.
LOBSTERANDSWAN.COM

Als Topping für einen Nachttisch ist Lesestoff, eine Lampe, ein Wasserglas und vielleicht ein kleiner Blumenstrauß ausreichender. Alles andere sollte unsichtbar versteckt werden, damit der Raum Ruhe ausstrahlt.

BOTANIKUM
Zwei Trends in einem: Botanik mit Retro-Appeal. Bilderleisten sind ideal, um schnell eine Galerie umzugestalten.
LOBSTERANDSWAN.COM

EMAILLE FÜR DICH Typische Vintage-Materialien wie Emaille passen gut zu einem Kaffeekränzchen und verbreiten selbst als bloßes Dekostück zusammen mit dem Kofferradio Wirtschaftswunder-Flair.
PATCHWORKHARMONY.CO.UK

RENTNER-BEIGE Ein schöner Kontrast zu den typischen gedeckten Granny-Tönen sind vorsichtig eingesetzte knallige Farben. Bilderrahmen und Poster sind hier der Hingucker.
TRANSITOINICIAL.COM

Schrebergarten-Technik: Für eine harmonische Dekoration am besten optisch in Parzellen arbeiten, so entstehen einzelne Gruppen, die gut nebeneinander wirken können.

WIEDERVORLAGE Eine Vintage-Kommode und ein modernes Lowboard harmonieren als Mehrgenerationen-Gemeinschaft, indem man bei der Dekoration die Farben jeweils wieder aufgreift. TRANSITOINICIAL.COM

MARIA MARCET

TRANSITOINICIAL.COM

Wie wird ein Vintage-Look luxuruös statt shabby?
Antiquitäten brauchen einen Gegensatz, um hervorzustechen. Designklassiker und moderne Accessoires wie Bildbände oder Kunstwerke helfen dabei. Lieber in wenige gute, sprich echte, alte Stücke investieren statt eine günstige Kopie zu erstehen und dann mit kontemporären Möbeln mixen.

Was ist das Wichtigste beim Einrichten?
Kontraste beleben jedes Interior. Egal, ob es um einen Raum oder Stillleben geht, sorgen verschiedene Farben, Strukturen und Texturen für Spannung. unterschiedliche Höhen wirken interessant und seine Highlights sollte man bewusst mit einem Podest oder unter Glas in Szene setzen.

Wie lässt sich spanischer Vintage-Glam inszenieren?
Viel hängt natürlich von den wunderbaren Keramikfliesen ab, die in spanischen Häusern zu finden sind. Man kann Originale z.B. bei Mosaic del Sur bestellen. Die Alternative: Boden in einer markanten Farbe fliesen und die Wände dazu in neutralen Tönen streichen.

MINIMAL
Detox für die Wohnung

WENIGER MÖBEL, MEHR LEBEN: DIE REDUKTION AUF KLARE FORMEN UND WENIGE FARBEN HILFT, UM ZUR RUHE ZU KOMMEN. DAS GELINGT MIT MODERNEN ELEMENTEN, ABER AUCH MIT EINER NEU-INTERPRETATION DES TRADITIONELLEN SHAKER-STILS.

Die Sinne schärfen, bewusster leben, der Wunsch nach einem Ort, an dem man den Alltag hinter sich lassen kann – all das erklärt den puristischen Interior-Trend. Hier kann man sich auf das Wesentliche konzentrieren. Die Skandinavier haben es vorgemacht und mit einer klaren Formsprache und wenigen, reduzierten Materialien trotzdem einen gemütlichen Wohnstil geschaffen.

Das Rad wird aber noch weitergedreht: Schwarz, Weiß und Grautöne bekommen durch weiche Materialien wie Wolle und Leinen trotzdem einen gemütlichen Touch. Die Vintage-Variante ist mit Holz und Design-Zitaten aus vergangenen Epochen zwischen Shaker-Look und 50er-Jahre-Stil angesiedelt. Wenige Elemente reichen, um dem Retro-Minimalismus zu neuem Glanz zu verhelfen.

SHADES OF GREY Alles andere als frivol: die nahezu grafische Anordnung von Bild und Objekten, die durch das Farbkonzept „Grau plus Nude" verbunden sind.
WIENERWOHNSINN.AT

MINIMAL

MODERN
Im Wesentlichen liegt die Kraft

EINE SCHLICHTE OPTIK, BETONTES UNDERSTATEMENT UND EINE REDUKTION DER FARBEN AUF WEISS, SCHWARZ UND GRAU – DIESE ELEMENTE ENTFALTEN IHREN CHARME DURCH EIN SETTING, DAS IMMER EIN WENIG ZUFÄLLIG WIRKT.

AUSNAHME DER REGEL Die Zen-Atmosphäre des Schlafgemachs wird durch einen winzigen Stilbruch in Lindgrün bei Kissen und Quaste charmant aufgelockert.
BRITTA-BLOGGT.BLOGSPOT.DE

REZEPTFREI
Apothekerdosen aus Porzellan sind mit ihrer sterilen Anmutung eine ideale Aufbewahrungsmöglichkeit in Küche und Bad.
ANASTASIABENKO.COM

MINIMAL – MODERN

MINIATUR-WELT Auch im Kinderzimmer kann formaler Minimalismus einziehen, ohne dass die Kreativität der Kleinen leidet. Tafelfolie ist übrigens ein prima Poster-Ersatz, der sich selbst gestalten lässt.
WIENERWOHNSINN.AT

MINIMAL - MODERN

SORTIERUNG Filigrane Zweige wirken reduzierter und trotzdem sehr dekorativ. ANASTASIABENKO.COM - Die eckige „Wood Lamp" von Muuto und die Vasen mit Buchstaben geben dem Schreibtisch einen sortierten Look. UNDUETRE-ILARIA.COM

MENGENLEHRE
Geometrische Formen verlieren an Strenge, wenn man sie wie hier mit soften Materialien kombiniert.
BRITTA-BLOGGT.BLOGSPOT.DE

SCHLAFZIMMERBLICK Einfache Regel, um (optische) Harmonie im Schlafzimmer herzustellen: die Nachtschränkchen sollten die gleiche Höhe wie die Matratze haben.
BRITTA-BLOGGT.BLOGSPOT.DE

MINIMAL - MODERN

SCHWARZ-WEISS-DENKEN Durch die provisorisch anmutende Anbringung mit Washi-Tape bekommt die Galeriewand etwas Spielerisches.
LOOK33-BLOG.BLOGSPOT.COM

BLOGGER-INTERVIEW

ANETTE WETZEL-GROLLE

LEBENSLUSTIGER.COM

Was ist das Besondere am modernen Purismus? Ich bezeichne meinen Stil als Metro-Minimalismus – relativ reduziert mit vielen warmen Elementen und natürlichen Strukturen als Kontrast. Ich schätze die Klarheit dieses Looks, weil ich im Kopf schon genug Feuerwerk habe wegen meiner vielen kreativen Parallelprojekte.
Wie wird der Minimalismus behaglich statt kühl? Formen, Farben und vor allem Materialien sind schöne Softener, die jeder für sich selbst bestimmen sollte. Unabhängig von Trends muss man ein Material absolut gerne anfassen und damit leben wollen.
Wolle und Wohntrends, wie passt das zusammen? Ich arbeite mit extrem dicken und teilweise gefilzten Merinogarnen, mit denen man ganz neue, einzigartige Strukturen und Dimensionen schaffen kann, z. B. große Wandbehänge und Decken aus luftigen Riesenmaschen.
Ein Tipp für einen aufgeräumten Eindruck? Arbeitsmaterialien sortiere ich wie ein Moodboard nach Farben, Strukturen und Stimmungen. Kleinkram bewahre ich in schlichten, weißen Holzboxen auf.
Zwei linke Hände und trotzdem Lust zu basteln – welches DIY bekommt jeder hin? Ein Stück Ast oder Treibholz mit Garnfäden in einer oder mehreren Lieblingsfarben umknoten, in Form schneiden – fertig.

Anette Wetzel-Grolle

MONSTER Natürlich wohnen unter dem schön eingekleideten Bett keine Ungeheuer, aber davor lockert eine Monstera-Pflanze die Situation auf.
LAMAISONDANNAG.COM

METALLICA Coole Form, bewährte Materialien (und umgekehrt) – mit Kupfer- und Emaille-Accessoires schafft man den Spagat zwischen Minimalismus und nordischem Hyggelig-Feeling.
LAMAISONDANNAG.COM

MINIMAL – MODERN

FRONTAL 21
Marmor erlebt einen Boom. Wer aber keine kiloschweren Steine aus Carrara importieren möchte, kann seinem Sideboard auch mit einer Folie einen Zeitgeist-Look verpassen.
LEBENSLUSTIGER.COM

FETTE BEUTE
Sitzkissen und Wandbehang aus megadickem Big-Loop-Garn entfalten trotz ihrer minimalistischen Farbgebung maximale Wirkung.
LEBENSLUSTIGER.COM

MINIMAL - MODERN

Sessel im ausladenden Landhaus-Look erscheinen durch weiße Hussen weniger massiv und lassen sich optimal mit einem quadratischen Couchtisch kombinieren.

GRUPPENBILD
Ein Teppich wirkt wie ein Rahmen und hält Sessel, Sofas und Couchtisch optisch zusammen.
WIENERWOHNSINN.AT

RAUMWUNDER
Bei Zimmern, die ineinander übergehen, bringt ein einheitliches Farbkonzept Ruhe – und die Flügeltür kann auch mal offen bleiben, damit die Großzügigkeit zur Geltung kommt.
BRITTA-BLOGGT.BLOGSPOT.DE

DECLUTTERING
Das klingt besser als Aufräumen, beinhaltet aber das Gleiche. Ein Gefühl von Ordnung entsteht, wenn man offene Regale nur mit Accessoires in einer Farbe – am besten Weiß – bestückt.
CURATEANDDISPLAY.CO.UK

MINIMAL - MODERN

Auf Strenge pfeifen: Manchmal tut es gut, alle Regeln zu brechen und dem puristischen Look einen winzig kleinen Vogel zu zeigen.

BUCHKUNST
Purismus-Perfektionisten schlagen ihre Bücher in weißem Papier ein und stapeln sie zu einer Bühne für Accessoires.
LOOK33-BLOG.BLOGSPOT.COM

BLOGGER-INTERVIEW

TIFFANY GRANT-RILEY

CURATEANDDISPLAY.CO.UK

Wie bleibt Minimalismus minimalistisch? Der Schlüssel zu diesem aufgeräumten und geradlinigen Look ist Stauraum. Bei zwei kleinen Kindern helfen uns z. B. große Körbe und große Sideboards im Wohnzimmer, um das Spielzeug-Chaos jeden Abend in den Griff zu bekommen.
Was sollte man bei der Wahl der Farben beachten? Weiß und Schwarz können schnell kühl und streng wirken. Natürliche Materialien und Farben sind die Gegenmittel, ich habe Juteteppiche, Körbe, Kork und dicke Wolldecken überall verteilt, um ein Gefühl von Wärme zu integrieren. Auch softe Töne wie Rosé, Hellblau oder Mint sind eine schöne Ergänzung.
Wie integriert man Trends in das reduzierte Dekor? Um nicht Gefahr zu laufen, die Balance des Raumes zu verlieren, weil man zu viele Trends unterbringen will, sollte man immer bei Neuanschaffungen auf die bereits vorhandene Einrichtung achten. Ich habe gerade Petrolblau, das sich zum Trend mausert, in Form von Geschirr und Wolldecken zu Hause integriert. Eine tolle Ergänzung, die die Wohnung weiterbringt.

Tiffany Grant-Riley

DEKOBLASE
Damit im minimalistischen Ambiente die Dekowut nicht aus Versehen überhand nimmt, einfach eine Cloche darüberstulpen – mehr als drei Objekte passen nicht drunter.
MONSTERSCIRCUS.COM

MINIMAL - MODERN

PAARLAUF
Symmetrie ist eine clevere Methode, um ein Gefühl von Harmonie und Ordnung zu erzeugen. Im Bad halten sich Spiegel, Doppelwaschtisch und Armaturen an dieses Prinzip.
WIENERWOHNSINN.AT

MINIMAL – MODERN

Minimalismus bedeutet nicht totaler Verzicht auf Dekoration oder Trends. Wer ein Faible für Wandteller entdeckt, greift eben zur reduzierten Variante in Weiß.

FORM-SPRACHE
Nicht nur die Wiederholung von Farbakzenten, auch das Wiederaufgreifen von Formen schafft eine optische Klammer.
ANASTASIABENKO.COM

KUNSTWERK
Für das Minimal-Display von Bildern, Fotos und Objekten hilft es, wenn man sich auf maximal zwei dominierende Farben festlegt.
WIENERWOHNSINN.AT

LUFTIKUS
Um Räumen Luftigkeit zu verleihen, kann man Dinge vom Boden in die Höhe transportieren. Ein schwebender Tisch ohne Beine sieht nämlich viel leichter aus.
MONSTERSCIRCUS.COM

MINIMAL - MODERN

PRAKTISCH GEDACHT Aus Folianten oder Enzyklopädien lassen sich kleine, praktische Nachttische bauen. Zum einen nehmen die Bücher keinen Stauraum weg, zum anderen kann man sie auf die perfekte Höhe stapeln.
MONSTERSCIRCUS.COM

BRITTA GUDD

BRITTA-BLOGGT.BLOGSPOT.DE

**Wie lockert man monochromes
Interior in Grau, Weiß und Schwarz auf?**
Textilien addieren Struktur und Gemütlichkeit. Hochflorige
Teppiche oder eine kuschelige, schön gewebte Decke
auf einem geradlinigen Sofa helfen enorm, wenn man Raumgefühl weicher und interessanter gestalten will. Unterschiedliche Tisch- oder Stehlampen tauchen den Raum in ein
warmes Licht und inszenieren einzelne Ecken.

Kinderzimmer und Minimalismus, widerspricht sich das nicht?
Im Kinderzimmer setze ich auf weiße Möbel als Basis,
damit der Raum trotz der vielen bunten Spielsachen ruhig
wirkt. Von Zeit zu Zeit sollte man ausmisten, damit schöne
Einzelstücke wieder zur Geltung kommen können.

Wie inszeniert man Solisten zu Stillleben?
Kleine Tabletts halten Arrangements optisch zusammen,
eine Kerze und eine Pflanzen sind als Partner ideal,
weil sie dem Ganzen Tiefe geben.

Britta Gudd

VINTAGE
Reduktion als Zitat

DER MINIMALISMUS IST KEINE NEUE ERFINDUNG.
SHAKER ODER DIE ARTS-AND-CRAFT-BEWEGUNG HABEN
SCHON DIE EINFACHHEIT DES WOHNENS MIT
HOLZ UND KORB PROPAGIERT. DIE FUNKTIONALITÄT
UND FORMSPRACHE FINDET IM JETZT
EINE NEUE BESTIMMUNG.

KOMFORT
Statt harter Holzstühle darf man bequem auf Polstersessel setzen – wenn ihre Linienführung so schnörkellos wie ein Thonet-Stuhl ausfällt.
UNDUETRE-ILARIA.COM

MINIMAL – VINTAGE

Siegertreppchen: Ein Deko-Trio in Stufen aufstellen, mit dem niedrigsten oder höchsten Punkt in der Mitte – so wirkt das Arrangement harmonisch.

LEISTENGEGEND Typisch Shaker! Eine Wandleiste, an die man Kleider und Haushaltsgegenstände hängen könnte. Heute finden darauf Herzensdinge ihren Platz.
PATCHWORKHARMONY.CO.UK

MINIMAL – VINTAGE

FEINARBEIT Nicht nur Möbel, auch die Dekoration bedient sich in der Natur. Leder, Korb und Leinen treffen auf Zweige und Blüten. ANASTASIABENKO.COM Auf einem Instrumentenwagen bekommt jede noch so liebliche Dekoration eine formale Strenge. ANASTASIABENKO.COM

UMKEHRSCHLUSS Kontormöbel sind ideale Partner in Sachen Stauraum. Was trotzdem nicht hineinpasst, wird auf der Platte ausgestellt und dabei – um die Optik zu beruhigen – auch mal die Rückseite nach vorne gedreht.
HILDEMORK.COM

GEGEN DIE WAND

Vertikale Inszenierung im Aufwärtstrend

ALS SENKRECHTSTARTER IM INTERIOR ENTPUPPEN SICH VERTIKALE GÄRTEN. ABER AUCH WANDBEHÄNGE, BILDER UND FARBE SIND GESTALTERISCH AUF AUGENHÖHE.

Es ist nichts Neues, Bilder an die Wand zu nageln – ob als Salonhängung oder White Cube –, aber die vertikale Dekoration nimmt jetzt erst richtig Fahrt auf. Pflanzen, Wandbehänge, Vintage-Neonbuchstaben und natürlich Poster und Gemälde werden zu Gesamtinszenierungen in der Senkrechten. Auch die Gestaltung mit Tapeten, die aussehen wie rohe Betonplatten oder Blumenwiesen, der mutige Anstrich mit Farben von Marsala, der Trendfarbe des Jahres, bis Senfgelb oder Tiefschwarz und die Zweckentfremdung von Rollbildern aus dem Schulunterricht machen die Wohnung zu einer Galerie. Der Kurator sind in jedem Fall Sie und damit ist das wichtigste Kriterium: Sie gestalten, was Ihnen gefällt. Grundsätzlich machen aber verschiedene Formen, der Wechsel von starken und schwachen Farben und eine Dreidimensionalität die Wandgestaltung besonders spannend.

FABRIK-CHIC
Gelungener Stilbruch: Beton-Optik an der Wand und Reklamebuchstaben aus Blech geben den roughen Hintergrund für goldige Tischdekoration ab.
MONSTERSCIRCUS.COM

GEGEN DIE WAND

VERTIKALE DEKO

Aus dem Rahmen gefallen

DAUERHAFTE ODER PROVISORISCHE AUSSTELLUNGEN IN DER EIGENEN WOHNUNG SIND EIN SPIEL MIT THEMEN UND EPOCHEN. OB MAN BILDER, WANDTELLER, STILLLEBEN, ARBEITSUTENSILIEN ODER ALLES ZUSAMMEN IN SZENE SETZT, IST ZWEITRANGIG.

BACK TO BLACK
Massives Schwarz trifft auf die leichte Schwarz-Weiß-Zeichnung des Schmetterlings. So entsteht ein Spannungsbogen.
LAMAISONDANNAG.COM

AUSLAGE Regale sind ein Miniatur-Museum für besondere Stücke, die je nach Stil oder Gattung auf den verschiedenen Etagen Platz finden. Ein durchgängiges Farbthema schafft Ruhe im Display.
unduetre-ilaria.com

GEGEN DIE WAND – VERTIKALE DEKO

WHITE CUBE
Als „weißen Würfel" bezeichnen Kunstkenner die Hängung eines einzelnen Bildes mit viel Weißraum drumherum. Oft wirken Prints wie die Bonatik-Zeichnung von Alicia Galer aber im Black Cube viel intensiver
CURATEANDDISPLAY.CO.UK

WIMPEL
Girlanden bringen Kindergeburtstagsstimmung ins Leben. Die erwachsene Version: Mit Notenblättern und Pflanzkarten die Wand beschwingt begrünen.
PATCHWORKHARMONY.CO.UK

OFFENHEIT Wandschränke und Regale werden zu Kunstwerken: wenn man ihre Rückseite mit Tapetenresten beklebt und so aus einem Mauerblümchen einen Dschungel macht
SWOONWORTHY.CO.UK

ALLE AN BORD
Als Import aus der Werkstatt hilft ein Pegboard auch in der Wohnung beim schnellen Zugriff auf Arbeitsmaterial. Oder man schreibt mit Steckbuchstaben nette Botschaften für den Heimwerker darauf.
CURATEANDDISPLAY.CO.UK

EFFEKTE Aus dem Künstlerbedarf grundiertes Leinen besorgen, Kreise auftragen und unterschiedlich, aber in der gleichen Farbe, ausmalen. ANASTASIABENKO.COM Ob selbst gemaltes Bild oder Mural, mit einem Accessoire wird daraus ein dreidimensionales Objekt. ANASTASIABENKO.COM

BLOGGER-INTERVIEW

CAROLINE ROWLAND

PATCHWORKHARMONY.CO.UK

Was ist das Geheimnis einer gelungenen vertikalen Dekoration?
Es hilft, wenn man eine Verbindung zwischen den einzelnen Elementen erkennt. Ich habe z. B. im Schlafzimmer ein Set alter Botanik-Bilder gruppiert, im Bad sind es Wandteller und bei meiner Tochter hängen moderne Illustrationen an der Wand. Was einem Ensemble immer gut tut, ist ein dreidimensionales Objekt dazwischen.

Was bedeuten Wand-Arrangements für die restliche Einrichtung?
Fußboden und Wände sollten eher ruhig gehalten werden, damit der Fokus auf der vertikalen Dekoration liegt und das Auge nicht verwirrt wird. Auch hier hilft es, wenn Farben oder Muster korrespondieren, um ein einheitliches Bild zu schaffen.

Wie integriert man Trends in sein Interior?
Bevor ich ein ganzes Zimmer ummodele, greife ich aktuelle Strömungen lieber in kleinen Dingen auf. Ich stelle um, tausche Kissen aus oder hänge ein Wand-Display ab und kreiere ein neues, das einen Farb- oder Thementrend widerspiegelt.

Caroline Rowland

Der Look aus antiker Wand und modernen Möbeln schafft einen spannenden Kontrast.

AL FRESCO
Sollte man in seiner Wohnung Freskenmalerei entdecken, Glückwunsch! Aber auch mit Tapeten lässt sich der Effekt erzielen. Ein schwebendes Regal im gleichen Ton davor sorgt für ein plastisches Raumgefühl.
TRANSITOINICIAL.COM

GEGEN DIE WAND – VERTIKALE DEKO

FARBVER-LAUF Arbeitsmaterial wirkt gleich viel bildhafter, wenn man es in einem geordneten Rahmen nach Farben sortiert präsentiert und möglichst wenig Lücken lässt.
LEBENSLUSTIGER.COM

MAKRAMEE
Diese Webtechnik feiert ein Revival und wird mit monochromen Farben zum eleganten Wandschmuck mit Ethno-Touch.
LEBENSLUSTIGER.COM

COVERGIRL
Kleiderbügel aus der Reinigung lassen sich mit Farbspray zu Magazin-Displays gestalten. So werden Cover-Models zu Hausgästen.
curateanddisplay.co.uk

GEGEN DIE WAND – VERTIKALE DEKO

WELTKLASSE
Die Seiten aus alten Atlanten machen im Kollektiv (und dank ihrer unterschiedlichen Proportionen) neugierig auf Entdeckungen.
ANASTASIABENKO.COM

GEGEN DIE WAND

FARBAUFNAHME
Wände geben sich den Anstrich der Extravaganz

MIT EINEM EIMER FARBE UND PINSEL BEKOMMEN RÄUME LOKALKOLORIT. SATTE FARBEN VERSPRECHEN CLUB-ATMOSPHÄRE, PASTELL LÄSST WÄNDE ZU ÜBERDIMENSIONALEN AQUARELLEN WERDEN.

SCHMUCKSTÜCK
Juwelenfarben wie
Emeraldgrün, Saphirblau
oder Amethyst machen
die Diva an der Wand und
verleihen selbst klarem
Interior etwas Mondänes.
MONSTERSCIRCUS.COM

DIP DYE
Farbverläufe sind nicht nur auf dem Kopf angesagt. In der Wohnung sollte man darauf achten, unten die dunkelste Nuance zu setzen. Funktioniert übrigens auch Ton in Ton.
MONSTERSCIRCUS.COM

HALBE SACHEN Ein Lambris mit Farbe, also die optische Abtrennung der unteren Wandhälfte, ist leichter zu realisieren als mit Holz oder Stuck. Der Effekt ist der Gleiche: Der Raum wirkt optisch größer.
BRITTA-BLOGGT-BLOGSPOT.DE

Widerspruch im Schlafzimmer ist dann gut, wenn man zarte Elemente mit starken kombiniert, Ballettschuhe mit Rock-Kissen oder Nude und Erdtöne.

NUDE Nude-Töne sorgen für ein zartes Ballerina-Flair, besonders wenn man Accessoires in der gleichen Nuance ergänzt und sonst Komplementärfarben einsetzt.
UNDUETRE-ILARIA.COM

KINDERLAND Ein Kinderzimmer wirkt viel wohnlicher, wenn man statt Rosa oder Hellblau eine neutralere zarte Farbe wie Mint oder Greige wählt. Bei den Accessoires kann dann Lillifee regieren
BRITTA-BLOGGT.BLOGSPOT.DE

BLOGGER-INTERVIEW

ANNA GUSTAFSSON

LAMAISONDANNAG.BLOGSPOT.DE

Wie werden Wandfarben optimal eingesetzt?
Ich habe die meisten Wände weiß gestrichen, um ein Maximum an natürlichem Licht herauszuholen. Dunkle Farben habe ich an kleineren Ecken eingesetzt, um Bereiche abzugrenzen. Im Schlafzimmer habe ich über dem Bett mit Schwarz eine Art Kopfteil kreiert, in der Küche ist der Essbereich in Grau vom Rest abgesetzt.

Wie wählt man die richtige Farbe aus?
Farben beeinflussen Stimmungen, dennoch rate ich bei der Wahl eher auf persönliche Favoriten zu setzen. Am besten sucht man sich drei Farben aus, die miteinander harmonieren und arbeitet konsequent in verschiedenen Abstufungen, damit die gesamte Wohnung einen einheitlichen Look erhält. Jeder Raum sollte jedoch eine bestimmende Farbe haben, um die gewünschte Atmosphäre zu verdichten.

Welche Räume schreien förmlich danach, in dunklen Tönen gestrichen zu werden?
Gerade kleine Bereiche wie der Flur oder das Bad können durch Schwarz, Anthrazit oder dunkles Blau an Charakter gewinnen. Auch Ecken, denen es an natürlichem Licht fehlt, bekommen durch dunkle Farben, die mit Lampen inszeniert wird, einen dramatischen Look.

Anna Gustafsson

EINE PRISE EXOTIK Kurkuma, Piment und Zimt wandern vom Gewürzregal an die Wand. Die satten Farben wirken so wärmend wie ein Curry – und lassen sich wunderbar zu Holztönen, Schwarz und Weiß kombinieren.
WIENERWOHNSINN.AT

THEATER
Schwarz sorgt für Theatralik und bringt Bilder zum Strahlen. Störende Heizkörper verschwinden optisch, wenn man sie ebenfalls dunkel lackiert.
ANASTASIABENKO.COM

GEGEN DIE WAND – FARBAUFNAHME

SCHWARZE MAGIE Ob Vorder- oder Hintergrund, das Auge stolpert über die plastische Fortsetzung von Schwarz auf der Kommode. HILDEMORK.COM Grünpflanzen verlieren vor Schwarz vollkommen ihr spießiges Image. CURATEANDDISPLAY.CO.UK

NISCHENPRODUKT
Unliebsame Ecken, Kanten und Nischen treten Schwarz gestrichen optisch in den Hintergrund.
SWOONWORTHY.CO.UK

GEGEN DIE WAND – FARBAUFNAHME

QUERDENKER
Metzgerfliesen geben Küchen einen industriellen Look. Besonders cool, wenn sie mal nicht weiß, sondern schwarz sind.
LAMAISONDANNAG.COM

BLOGGER-INTERVIEW

MELANIE NEDELKO

WIENERWOHNSINN.AT

Vielen fehlt der Mut, Wände in Schwarz oder Dunkelblau zu streichen. Gegenargumente?
Wenn der Raum sehr wenig Tageslicht hat oder die Möbel zu schwer sind, würde ich von dunklen Farben tatsächlich abraten. Sonst sind dunkle Töne großartig: Deko kommt viel besser zu Geltung, weiße Möbel strahlen noch mehr durch einen schwarzen Wandanstrich.

Wie setzt man Räume mit Farben optimal in Szene?
Die Wandfarbe sollte mit den Farben, die sonst in der Wohnung vorherrschen, und den Möbeln, die davor stehen, harmonieren. Ich streiche gerne nur Abschnitte oder bestimmte Ecken mit einer auffälligen Farbe wie Bernstein oder Emerald, um sie zu betonen und zu inszenieren.

Auch Tapeten erleben ein Revival. Was gilt es dabei zu beachten?
Ich persönlich halte mich bei Tapeten zurück, weil das Ankleben und Entfernen mehr Arbeit kostet als eine Wand zu überstreichen. Wer sich dafür entscheidet, sieht sich an hellen Farben und dezenten Mustern nicht so schnell satt.

Melanie Nedelko

Wandfarben sind einzigartig: sie ändern ihre Nuancen je nach Sonneneinstrahlung.

EDELSTEIN
Smaragd und Bernstein sind Farben, die einen Raum und neutrale Sofas zum Funkeln bringen.
WIENERWOHNSINN.AT

NACHTRUHE Keine Angst vor Schwarz im Schlafzimmer. Es wirkt beruhigend und kann mit der richtigen Illumination auch ein bisschen frivol scheinen.
LOOK33-BLOG.BLOGSPOT.COM

GEGEN DIE WAND – FARBAUFNAHME

FORMVOLLENDET Eine Galeriewand sieht spannend aus, wenn man unterschiedliche Rahmenformen und -stile mixt. Tipp: Mit dem größten Bild beginnen, dann drumherum arbeiten. WIENERWOHNSINN.AT

FILTRATION
Ein Porträt wirkt spannender, wenn es z.B. mit einem Pop-Art-Filter bearbeitet wird und dann überdimensional vergrößert an der Wand landet.
LOOK33-BLOG.
BLOGSPOT.COM

TROPICAL
Exotisches wird im Interior heimisch

IN UNSEREN VIER WÄNDEN HERRSCHEN PARADIESISCHE ZUSTÄNDE. DSCHUNGEL-VEGETATION BREITET SICH AUF STOFFEN UND POSTERN AUS. DAZU WACHSEN EXOTISCHE FRÜCHTE AUS DER DEKORATION. TRÈS TROPIQUE!

Palmen-Prints und Ananas-Accessoires, Flamingos und üppiges Grün wuchern durch das Interior als hätten sich Thomas Magnums Hawaiihemden selbständig gemacht. Wer Fernweh hat, nimmt das Ticket Richtung Karibik selbst in die Hand und setzt Farben exotischer Blumen von Hibiskus bis Anthurie gezielt ein, dekoriert mit natürlichen Materialien wie Bambus, Rattan und Korb und lässt Farne und Bananenblätter ihr sattes Grün zeigen. Wenn auch noch Animal-Prints durch dieses exotische Ambiente pirschen, bekommt das Dekor etwas Extravagantes. Der Tropical-Trend geht aber auch mondän. Vorbild sind kosmopolitische Städte wie Miami oder Palm Springs, die die Cocktail-Kultur hochhalten. Barwagen (vielleicht DAS Comeback des Jahres), Kristall und strahlende Farben sowie Goldakzente machen das Leben zur permanenten Happy Hour.

THINK PINK! Mit einem Flamingo fliegt Urlaubsstimmung in die Wohnung, ob in Lebensgröße oder als Miniatur-Figur auf Cocktailsticks. WIENERWOHNSINN.AT

HEMMUNGSLOS HEMINGWAY
Ein Setting wie im Schriftsteller-Domizil auf den Florida Keys. Inspirierend durch die Vielzahl an Prints, einladend, weil ein Farbthema erkennbar ist.
SWOONWORTHY.CO.UK

TROPICAL

HAPPY HOUR
Mit Cocktail-
Accessoires aus
Kristall und
Grapefruit-
Farben kehrt der
Glamour im Stil
der 50er-Jahre
auf fashionable
Weise zurück.
MONSTERSCIRCUS.COM

TROPICAL

LEO-LOVE
Auffällige Animal-Prints wirken dominant. Etwas vorsichtiger (und dennoch extravagant) wird der Leopard, wenn man die Rückwand eines Regals damit tapeziert.
SWOONWORTHY.CO.UK

BLATTWERK
Die Wiederholung des Blattmotivs auf verschiedenen Ebenen macht trotz der unruhigen Muster einen harmonischen Eindruck. Gold gibt dem Ganzen Glamour.
swoonworthy.co.uk

BLOGGER-INTERVIEW

KIMBERLY DURAN

SWOONWORTHY.CO.UK

Braucht man für den Tropical-Trend eine Wohnung auf den Bahamas? Tropical passt in alle Regionen, wenn man auf ein paar Grundlagen achtet: Zimmer, die nach Norden ausgerichtet sind, brauchen wärmere Farben, Blautöne würden hier zu kalt wirken. Pflanzen mit unterschiedlichen Blattformen, die man über- und hintereinander arrangiert kreieren ein Mini-Dschungelgefühl.
Wie stimmt man Farben und Muster gekonnt aufeinander ab? Eine Frage der Verhältnismäßigkeit: Zwei große Muster würden um Aufmerksamkeit wetteifern, also greife ich stattdessen zu Dessins in drei Größen und versuche, die Farben untereinander wieder aufzugreifen. Eine Basis aus einfarbigen Stoffen erdet das Ganze.
Was hilft, um dieses paradiesische Flair zu vervollständigen? Ich bin Maximalistin aus Überzeugung und mische Stile, Muster, Farben und Materialien nach Herzenslust. Dazu kommen Gold und Messing, die einen warmen Schimmer wie die Sonne haben und zudem ziemlich glamourös wirken.
Wie wichtig sind Trends? Ich mische bei Möbeln immer alle möglichen Epochen durcheinander, um ein zeitloses Raumgefühl zu erzeugen. Eine einzelne Ära läuft leichter Gefahr, schnell aus der Mode zu kommen. Bei kleinen, nicht so teuren Accessoires wie Kissen, Schalen, Vasen oder Deko-Objekte können Trends regieren.

Kimberly Duran

TROPICAL

NEO-KOLO-NIALISMUS
Die Chemix-Kaffeekaraffe und der goldene Ananas-Print lassen einen von der Veranda einer Kolonialvilla träumen.
LOOK33-BLOG.BLOGSPOT.COM

NATUR IM ÜBERFLUSS Die Kombination aus Grünpflanzen und Pflanzenfasern als Accessoires sorgt automatisch für Outdoor-Feeling. Khaki als Farbe unterstützt dabei.
MONSTERSCIRCUS.COM

TROPICAL

Kühles Blau und Weiß geben dem Esszimmer die Atmosphäre eines Kapitänsdinners. Details wie die Bambusstühle vervollständigen den Ozeandampfer-Look.

MEERWERT
Jacques Cousteau wäre in diesem Zimmer aus Meerblau, Korallenrot und schimmernden Goldreflexen in seinem Element. Arielle natürlich ebenso.
SWOONWORTHY.CO.UK

Interior Blog of the Year

METTE JAKOBSEN

MONSTERSCIRCUS.COM

Wie kommt Tropical-Glamour in ein europäisches Apartment? Das Geheimnis des Looks besteht darin, es nicht zu übertreiben. Elegante Textilien wie Seide, reflektierende Oberflächen, Spiegel, Gold und Messing im Mix mit Kupfer oder Silber kann man mit Accessoires gezielt einsetzen, ohne gleich im totalen Bling Bling zu enden. Dazu unbedingt natürliche Materialien wie Weide, Rattan, Bambus und Teak kombinieren. Palmen-Prints und andere exotische Drucke runden das Ganze ab.

Und diese elegante Cocktail-Anmutung à la Palm Springs? Ein Barwagen oder Beistelltisch mit Vintage-Dekantern und -Mixern sind die Zutaten für einen Mad-Men-Mix. Bücher mit bunten Umschlägen helfen dabei, auf mehreren Ebenen zu arbeiten und die interessanten Hingucker auch wirklich in den Fokus zu rücken.

Welche Farben passen zu dem Look? Zitrusfarben wie Grapefruit oder Limette oder typische Fiftiesnuancen wie Türkis und verwaschenes Pink sind bei Accessoires, Kissen und Teppichen die erste Wahl. Dazu kommt das Grün von Palmen, Kakteen und exotischen Pflanzen, die den Dschungel nach Innen holen.

Wie integriert man Erbstücke in sein Interior? Erfindungsreich sein! Ein Stuhl, der hübsch anzusehen, aber nicht besonders komfortabel ist, gibt vielleicht ein Podest für Pflanzen ab.

Mette Jakobsen

FAUNA
Nicht nur die Pflanzenwelt kommt beim Tropical-Trend zum Tragen, auch Vögel (Kolibris, Flamingos, Papageien) und Schmetterlinge lassen sich dort nieder.
PATCHWORK
HARMONY.CO.UK

Sally Cullen
Interior Stylist

SUNSHINE STATE Die Sonne gehört zu den Tropen wie Meer und Urwald. Mit einem Sonnenspiegel und Goldakzenten dringen die Strahlen auch bei uns zu Hause durch.
SWOONWORTHY.CO.UK

MINIMAL TROPICAL
Die reduzierte Form des Trends gelingt, wenn man die Farbe extrahiert und Prints und Stoffe in Schwarz-Weiß belässt.
LEBENSLUSTIGER.COM

TROPICAL

Südfrüchte bringen den Geschmack der Karibik ins Zimmer.

ÜBER-WINTERN
Wollplaid und Ananas-Print passen auf den ersten Blick nicht in einen Kontext. Da sich die Farben aber zurückhalten, können beide gemeinsam überwintern.
LEBENSLUSTIGER.COM

SAMMELLIEBE
Kollektionen jeder Art unterstreichen die Persönlichkeit.

WERTVOLLES, KURIOSES, NÜTZLICHES, KITSCHIGES – OBJEKTE WIRKEN GEMEINSAM BESSER ALS EINSAM UND ZEIGEN, WIE WICHTIG DIE WERTSCHÄTZUNG KLEINER DINGE IST.

Beim Sammeln geht es ums Bewahren, um die Präsentation von liebgewordenen, manchmal wertvollen, oft auch nur banalen Dingen. Vieles landet heute zu schnell in Kartons im Keller oder auf dem Müll. Dabei steckt in allen Gebrauchs- und Kunstgegenständen Arbeit, jede Menge Rohstoffe und oft auch eine große Portion Liebe. Selbst aus nur zufälligen Anhäufungen lässt sich etwas machen: Omas olle Blümchenteller kann man an die Wand hängen, Schnickschnack nach Farben arrangieren oder Karaffen und Dosen zu individuellen Behältnissen für Blumen umfunktionieren. Ist der Enthusiasmus für einen Stil, eine Farbe, ein Thema erst einmal geweckt, wird die Schatzsuche zu einer Beschäftigung, bei der wunderbare Geschichten zu Tage kommen. Den meisten Sammlern, Kuratoren ausgenommen, geht es nämlich nicht um Werte, sondern um die spannenden und lustigen Beigaben.

SCHNITTMENGE Die Kunst des Sammelns besteht darin, sich zu beschneiden, damit die Leidenschaft nicht ausufert
HILDEMORK.COM

DUFTORGIE
Die Ergänzung von aktuellen Parfüms, die jeden Tag hinters Ohr getupft werden, und alten Flakons macht diese Flaschenparade spannend.
ANASTASIABENKO.COM

FOTOSESSION
Techniksammlungen sind keine schlechte Investition. Wer Kameras und Co. präsentiert, sollte wegen der Optik auf die gleichmäßige Ausrichtung achten.
MADAME-LOVE.COM

SAMMELLIEBE

Der Mehrwert einer Sammlung entsteht, wenn man sie auch im Alltag gebrauchen kann, statt sie nur zu bestaunen.

SPASS IN DOSEN
Vintage-Dosen und moderne Blechbüchsen aus einer Farbfamilie sind in der Küche wahre Ordnungshelfer für Vorräte und Kleinkram.
UNDUETRE-ILARIA.COM

QUADRIGA
Die Beschränkung auf ein Thema und eine Farbe schafft bei der Pferdeparade einen Aufgalopp der Harmonie.
HILDEMORK.COM

SAMMELLIEBE

ALTPAPIER
Auch Tüten kann man sammeln. Sie sind Erinnerungen an besondere Reisen oder Schnäppchen – und bei Bedarf bekommen sie als Geschenkpapier ein zweites Leben.
LOBSTERANDSWAN.COM

SAMMELLIEBE

Die Menge macht's! Eine Sammlung, die sich auf keinen Stil und kein Thema festlegen will, wird auf einer eigenen Präsentationsfläche zu einem Ganzen.

SAMMELSURIUM
Schalen, Vasen, Kerzenständer werden durch die Farbzusammenstellung als Kollektiv wahrgenommen.
PATCHWORKHARMONY.CO.UK

MASSENAUFLAUF
Auch Blumenvasen, die nicht in Benutzung sind, bekommen als Gruppe einen starken dekorativen Auftritt.
MONSTERSCIRCUS.COM

ANASTASIA BENKO

ANASTASIABENKO.COM

Woher kommt die Leidenschaft für Sammlungen? Das Faible zu sammeln liegt bei mir in der Familie: Deren Kunstverständnis und die Leidenschaft zu reisen hat jede meiner Sammlungen vergrößert. Manchmal habe ich bereits vorhandene Kollektionen erweitert.
Wie arrangiert man Sammlungen wirkungsvoll? Nach Themengebieten oder Farben und Formen sortiert, sind selbst die kleinsten Sammlungen ein Blickfang. Bei größeren Kollektionen mische ich gerne Stile, Objekte, Farben, Muster und Materialien. Die unterschiedliche Ästhetik unterstreicht die Schönheit der einzelnen Stücke. So lassen moderne Vasen etwa die Eleganz antiker Bilderrahmen erstrahlen.
Wie verändert man das Raumgefühl? Im Sommer entlüfte ich die Wände und lasse japanisch inspirierte Drucke, die nur leicht befestigt sind, im Wind tanzen. Im Winter hänge ich überdimensionale, stimmungsvolle Fotografien aus Paris zusammen mit duftenden Tannenkränzen auf. Ich liebe es, Stillleben mit natürlichen Elementen zu kreieren, egal, ob mit saisonalen Blumen, Gräsern oder großen Ästen.
Wie wichtig sind Trends? Viele Trendprodukte sind leider oft von minderer Qualität, echte Traditionsarbeit hält über Jahrhunderte. Viele Möbelstücke sind bereits seit mehreren Generationen in Familienbesitz, sodass sie in manchen Jahren sogar wieder im Trend waren.

Anastasia Benko

**BUCH-
STABENSUPPE**
Die Klammer, die
für die Sammlung
aus Pflanzen,
Büchern und
Buchstaben ge-
funden wurde, ist
die Farbe Schwarz.
LOOK33-BLOG.
BLOGSPOT.COM

SAMMELLIEBE

TEATIME Das Spiel mit Proportionen, Strukturen und Höhen hält die kleine Sammlung Teegeschirr aus Keramik zusammen.
LAMAISONDANNAG.COM

SAMMELLIEBE

EINHEITEN Marmor und Olivenholz, kalt und warm, weiß und dunkel – die Funktion eint auf der Küchenarbeitsplatte. ANASTASIABENKO.COM Die ganz unterschiedlichen Porzellan-, Silber- und Holzlöffel halten die Stellung. MADAME-LOVE.COM

WONDERWALL Teller unterschiedlicher Designs und Größen, aber alle in der Grundfarbe Creme lasiert, ergeben locker an der Wand verteilt eine runde Sache.
BRITTA-BLOGGT.BLOGSPOT.DE

LIMITIERTE EDITION Die Sammlung an Tonvasen beschränkt sich auf Naturtöne, die vom Bilderrahmen und Holzbrett wieder aufgegriffen werden.
curateanddisplay.co.uk

SAMMELLIEBE

Perlen verlieren ihren Schimmer, wenn man sie nicht trägt. So geht es auch Antiquitäten.

SILBERSCHATZ
Vorlegebesteck und Tortenheber aus ziseliertem Silber hängen wie eine Retro-Girlande dekorativ an der Küchenwand und gucken einträchtig nach unten.
ANASTASIABENKO.COM

BOTANIK
Grün wächst über sich hinaus

DIE NATUR EROBERT WOHNRÄUME UND
PFLANZT SICH VOR UNS MIT BLUMENSTRÄUSSEN,
FARNEN UND URWALDGEWÄCHSEN AUF.
AUCH KAKTEEN STACHELN SICH JETZT GEGENSEITIG
ZU STARKER PRÄSENZ AN.

Outdoor-Feeling für Innen: Die Sehnsucht nach Natur ist in der digitalen Ära noch weit intensiver als zu Thoreaus Zeiten, deshalb erleben Pflanzen im Wohnzimmer einen Wachstumsschub. Blumenarrangements bringen ohne Apps und Filter Farbe ins Leben und ersetzen je nach Blüten Bauerngarten oder Fernreise. Unterstützt werden sie von Topfpflanzen, denn Fikus, Feige und Farn ziehen gerade im Kollektiv aus langweiligen Behördenbüros aus, um im stylischen Interior eine größere Wertschätzung zu erfahren. Begleitet werden sie von Kakteen und Sukkulenten, die plötzlich auf der ganzen Welt zahlreiche Bewunderer haben, nicht zuletzt weil sie weniger Aufmerksamkeit als ein Facebook-Profil brauchen. Ein großes Like bekommen alle Pflanzen – die genügsamen, die kurzlebigen, die zarten und die exotischen – auf jeden Fall trotzdem, denn sie machen den Großstadt-Dschungel zum echten Urwald.

TEAMBUILDING
Alle Pflanzentrends auf einmal kombinieren, denn Konkurrenz belebt das Geschäft und die Optik.
CURATEANDDISPLAY.CO.UK

BOTANIK

BLÜTEN & BLÄTTER
Kultivierung auf sämtlichen Ebenen

ZWEIGE, BLUMEN UND BLATTWERK LASSEN DIE WOHNUNG AUFLEBEN UND WERDEN JETZT (JE NACH DAUMENQUALITÄT) ZU ÜPPIGEN DSCHUNGEL-LOOKS ODER FLORALEN EINZELTÄTERN INSZENIERT.

SCHNEEBALL-SYSTEM Grüne Zweige wie Schneebälle wirken am besten in schlichten Glasvasen.
HILDEMORK.COM

ROSA WOLKE
Schleierkraut verliert einzeln oder als üppiger Strauß sein spießiges Image und wirkt zart und duftig wie ein Tütü.
MADAME-LOVE.COM

BOTANIK – BLÜTEN & BLÄTTER

WAL-VERWANDT-SCHAFT Ist das Gefäß an sich schon ein Hingucker, können die Blumen sich ruhig in Zurückhaltung üben.
MADAME-LOVE.COM

BOTANIK – BLÜTEN & BLÄTTER

Große und kleine Pflanzen wirken gemeinsam wie ein kleiner Hain, in dem einer dem anderen Schutz und Schatten bietet.

EXOTICA
Urwaldpflanzen, Kakteen und Gold zaubern Sundowner-Stimmung auch tausende Kilometer vom Amazonas entfernt.
MONSTERSCIRCUS.COM

FLOWERPOWER
Der Tulpenstrauß mit Heidekraut wirkt wie ein Fortsetzungsroman vor den Blumenfotos an der Wand.
LEBENSLUSTIGER.DE

BLOGGER-INTERVIEW

HILDE MORK

HILDEMORK.COM

Wie wird man zu Hause zu einem guten Floristen?
Weniger ist mehr! Statt viele unterschiedliche Blumen
zu binden – das wirkt unordentlich –, lieber ein paar ähnliche Sorten
in gleicher Farbe oder einen Bund zu einem Strauß arrangieren.
Oft reichen aber auch einfach ein Zweig,
Gräser oder ein einzelnes grünes Blatt für eine tolle Deko.
Und dann fehlt wieder mal die richtige Vase ... Ich habe
jede Menge klare und grünliche Glasvasen in unterschiedlichen
Formen, die man alleine nutzen oder miteinander
kombinieren kann. Ich finde es schön, wie die Gläser das Licht
reflektieren, die Blumen wirken dadurch lebendiger. Ist ein
Stiel zu klein oder zu groß, wird er in die nächste Vase gesteckt.
**Botanik ist einer der größten Trends. Was sollten neue
Pflanzenfreunde beachten?** Bei mehreren Grünpflanzen
sollte eine im Mittelpunkt stehen, um die sich alle anderen
gruppieren. Ansonsten gilt: Pflanzen machen glücklich,
man kann da nichts falsch machen.

Hilde Mork

BLATTWERK
Auch ein einzelnes großes Blatt (z.B. einer Anthurie) wirkt in einer edlen Karaffe ausgefallen. Außerdem hält es wochenlang.
LOOK33-BLOG.BLOGSPOT.COM

BOTANIK – BLÜTEN & BLÄTTER

PFLANZ ANDERS
Bei dem mit Lebensmittelfarbe koloriertem Wasser und dem Laborglas stimmt die Chemie.
MONSTERSCIRCUS.COM

Aus einem Palmenblatt wird mit ein wenig Flechtarbeit plus einem Leerrahmen ein Kunstwerk in Dschungel-Optik.
MONSTERSCIRCUS.COM

Kleine Vasenregel: Je prächtiger die Blüten aufgehen, desto weniger Beiwerk braucht man.
HILDEMORK.COM

Die keimenden Walnuss-Hinterlassenschaften von Eichhörnchen im Garten kann man für langlebige Deko nutzen.
LOOK33-BLOG.BLOGSPOT.COM

WIEDER-BELEBUNG
Alte Saucieren, Mokkakännchen oder Zuckerdosen sind individuelle Blumengefäße. Schön, wenn die Farben von Dekor und Blüten sich ergänzen.
MADAME-LOVE.COM

SCHATTENSPIEL
Mit einer Blumensorte in unterschiedlichen Farbabstufungen lassen sich spannende Effekte erzielen.
madame-love.com

BOTANIK – BLÜTEN & BLÄTTER

BAUERNTHEATER
Eine Gießkanne als Bodenvase und selbstgepflückte Wiesenblumen sind die Hauptdarsteller in einem ländlichen Stück.
madame-love.com

NACHSITZEN
Eine gerahmte Kopie aus dem Pflanzenlexikon macht Blumendeko zu einer kleinen Extra-Biostunde.
LOBSTERANDSWAN.COM

ERSATZSPIELER
Alte Obst- oder Weinkisten aus Holz ergeben wunderbare Pflanzkübel, in denen sich keine Staunässe bilden kann. Damit die Erde nicht durchfällt, mit Sackleinen auskleiden.
LOBSTERANDSWAN.COM

Um die natürliche Pracht von Grünpflanzen zu unterstreichen, eignen sich Übertöpfe in Naturtönen wie Holz, Hanf oder Sandstein am besten.

ALLES IM SACK
Große Übertöpfe sind schwer und schwer zu finden. Die leichte Alternative: schöne Papier- oder alte Reis- und Postsäcke.
UNDUETRE-ILARIA.COM

DURCHBLICK
Nicht nur Blumen, sondern auch Topfpflanzen wie Sukkulenten oder Hyazinthen kommen in Gläsern gut zur Geltung.
MADAME-LOVE.COM

BLOGGER-INTERVIEW

ELODIE LOVE

MADAME-LOVE.COM

Wie arrangiert man Blumen effektvoll? Man sollte keine Angst davor haben, den Stiel radikal zu kürzen. Ich liebe Mini-Bouquets in kleinen Vasen, sehr gerne verteile ich jede Menge kurze Dahlien, Pfingstrosen oder Ritterspornblüten mit Grün auf dem Tisch. Lieber viele kleine Arrangements als ein großer Strauß, bei dem man sein Gegenüber nicht mehr erkennen kann.

Welche Vasen gehören zur Grundausstattung für Blumen-Enthusiasten? Eine Medici-Vase und eine Schale auf Füßchen sind meine Lieblingsgefäße für herbstliche Stillleben. Ich besitze selbst über 100 Vasen, die ich in einer Vitrine ausstelle, viele sind aus Glas in zig Formen und Varianten.

Was kann außer einer Vase noch als Blumengefäß herhalten? Den Ideen sind keine Grenzen gesetzt: Gläser und Karaffen sind immer die erste Wahl, aber man kann auch Eiskübel, Gießkannen, Tassen, Suppenschüsseln oder Gummistiefel als Vase zweckentfremden.

Elodie Love

**AUSSEN
WIRKUNG**
Garten und Balkon werden vor allem im Sommer wie ein Extra-Zimmer genutzt. Warum nicht ein Bad mit Spiegel und Waschschüssel daraus machen?
HILDEMORK.COM

MISTER KANISTER
Von den Griechen abgeschaut: Topfpflanzen und Schnittblumen bekommen in alten Olivenölkanistern oder Teedosen einen mediterranen Vintage-Look.
HILDEMORK.COM

VERSUCHSREIHE
Mit Hilfe eines Laborstativs kann man mit der Wirkung von Pflanzen und Blumen auch in höheren Ebenen experimentieren.
MONSTERSCIRCUS.COM

Blumen sind faszinierend: sie können entweder erfreuen, betören, verzaubern, bestätigen, verschönern, oder überraschen.

KOPFARBEIT
Oft wirken langstielige Blumen wie Dahlien, Pfingstrosen oder Amaryllis interessanter, wenn man sie kurz unter dem Kopf abschneidet.
MADAME-LOVE.COM

WERKSCHAU
Wiesenblumen wirken im Industrial-Rahmen noch zarter. Ein bekleckster Stuhl, eine Malerleiter oder eine Kanne für Motorenöl bilden einen spannenden Kontrast.
HILDEMORK.COM

AUGEN AUF
Oft findet man am Wegesrand kleine Blumen, Gräser und Zweige, die sich als unprätentiöses Ensemble in Weingläsern oder Cognacschwenkern zeigen wollen.
HILDEMORK.COM/R

KÜCHENLATEIN
Foeniculum vulgare, Daucus carota, Anethum graveolens – Fenchel, Möhre und Dill – sind als filigrane Blumenbouquets ein Augenschmaus.
madame-love.com

PRACHTVOLL Ihr Repertoire ist unendlich: Neben lieblich, unschuldig und divenhaft können Pflanzen auch sinister und dramatisch wirken wie diese Magnolienzweige. MADAME-LOVE.COM Oft entfalten z. B. Schneebälle, Anemonen oder Hortensien eine besondere Würde, wenn sie verwelken. HILDEMORK.COM

BOTANIK – BLÜTEN & BLÄTTER

Statt komplette Sträuße zu entsorgen, noch Blüten oder Beiwerk aussortieren, die in kleinen Vasen in die Verlängerung gehen können.

GEGENSPIELER
Blumen und Vasen in Komplementärfarben wirken von sich aus spannend: Sonnenblumen in blauen Gefäßen, eine orange Blüte zu Türkis gefärbten Gläsern.
PATCHWORK
HARMONY.CO.UK

KUGELPARADIES
Bei der Vasenwahl ist auch die Formsprache entscheidend. Ein runder Strauß (oder eine kugelige Hortensie) versteht sich am besten mit einem Goldfischglas.
madame-love.com

HÄNGEPARTIE
Mit hängenden Blumentöpfen lassen sich auch schattige Ecken begrünen. Und warum nicht künstlerisch für optische Fortpflanzung sorgen?
curateanddisplay.co.uk

PFLANZENKUNST Man muss ja nicht gleich eine ganze Wand begrünen. Aber mit Holzkisten, Makramee und Hängeefeu entsteht leicht ein kleiner Urwald. LOBSTERANDSWAN.COM   Ein leerer Rahmen, in den der Blätterwald hineinragt, wertet den Indoor-Garten auf. LOBSTERANDSWAN.COM

BOTANIK

KAKTEEN
Hippe Mitbewohner mit bestechender Schönheit

DER PLÖTZLICHE RUHM STEIGT KAKTUS UND SUKKULENTE NICHT ZU KOPF. SIE BLEIBEN TROTZ DES GROSSEN APPLAUS AUS DER INTERIOR-WELT BESCHEIDEN UND PFLEGELEICHT.

VIELFALT
Etwa 1800 Kakteenarten und andere sukkulente Pflanzen gibt es. Einen kleinen Teil davon kann man auf einer Siegertreppe zu Hause ausstellen.
LOBSTERAND
SWAN.COM

GLASHAUS
Skulpturale Kakteen werden unter einer Cloche zum Ausstellungsstück.
LOOK33-BLOG.
BLOGSPOT.COM

POLYGAMIE
Kakteen und Echeverien wirken zwar abweisend, haben aber gerne Gesellschaft von anderen Pflanzen, wenn die Übertöpfe farblich harmonieren
LOBSTERAND SWAN.COM

ZARTE BANDE
Das Grün der Kakteen und Übertöpfe im weißen Regal erinnert an den Look eines mediterranen Gartens.
UNDUETRE-ILARIA.COM

OLDIEPARADE
Bis zu 200 Jahre können Sukkulentengewächse alt werden. Da passen Übertöpfe im Vintage-Look schon rein thematisch am besten.
LOBSTERANDSWAN.COM

Kakteen und Sukkulenten sind Lichtgestalten, deshalb fühlen sie sich in Nähe eines Fensters besonders wohl.

ANETTE LAURIM

LOOK33-BLOG.BLOGSPOT.COM

Kakteen sind ein Supertrend. Was macht sie als Deko-Objekt so interessant?
Kakteen und Sukkulenten ergänzen jedes Styling durch ihre bizarren Formen, Texturen und die unterschiedlichen Grüntöne. Ich sehe sie inzwischen nicht mehr nur als Pflanzen, sondern als lebendige Wohnaccessoires.
Wie kommen die Sukkulenten besonders gut zur Geltung?
Ich verwende als Übertopf gerne Vasen, so kann man auch kleinen Pflanzen Höhe geben. Vor einer weißen Wand kommen die eigen-willigen Formen besser zur Geltung als auf dem Fensterbrett.
Was ist die beste Möglichkeit einem Raum – außer mit Pflanzen – zu verändern?
Man muss nicht immer etwas kaufen, um der Wohnung einen neuen Look zu verpassen. Einfach mal den Küchenhocker als Beistelltisch neben das Sofa stellen, den Couchtisch im Schlafzimmer als Nachttisch nutzen... Auch das Durchtauschen von Steh- und Tischleuchten lässt Räume in neuem Licht erscheinen.

OLÉ ALOE
Lässt Tisch und Haut strahlen:
die Aloevera. Besonders frisch wirkt die
Heilpflanze zusammen mit Weiß.
LAMAISONDANNAG.COM

MAMMA MIA!
Ein Mamillaria-Kaktus ist auch ohne Blüte ein Schmuckstück, wenn man ihn auf dem goldenen Tablett serviert.
MONSTERSCIRCUS.COM

BOTANIK – KAKTEEN

WAYNES WORLD
Kombiniert man Kakteen, Erdtöne und Vintage miteinander, entsteht eine Wildwest-Atmosphäre.
LOBSTERAND SWAN.COM

RETRO-RUNDE
Ihre erste Hochphase haben Kakteen in den 70er-Jahren erlebt. Mit einem Augenzwinkern inszeniert man sie heute zu Accessoires des Jahrzehnts.
LOOK33-BLOG.
BLOGSPOT.COM

SCHWARZER DAUMEN
Wenn Sie meinen, Ihre gärtnerischen Fähigkeiten reichen selbst für Sukkulenten nicht aus, holen Sie sich den Trend einfach mit einer Skulptur oder mit Botanik-Prints ins Haus.
LOOK33-BLOG.
BLOGSPOT.COM

BOTANIK – KAKTEEN

FORMALITÄT Sukkulenten passen wegen ihrer ungewöhnlichen Formen perfekt in grafische Stillleben. LOOK33-BLOG.BLOGSPOT.COM

GRUPPENBILD
Ein Buffet ist für Kakteen das, was eine Schlosstreppe für das Hochzeitsfoto ist – eine ideale Location, um alle ins rechte Licht zu rücken, ohne dass Kleine untergehen.
CURATEANDDISPLAY.CO.UK

BOTANIK – KAKTEEN

Wer zu Hause einen kleinen Dschungel herangezogen hat, sorgt mit Grüppchenbildung in einem Zimmer oder einer Ecke für tropisches Flair.

CLICK

Die Lieblingsshops der Wohn-Blogger

DIE BESTEN ADRESSEN FÜR MÖBEL, ACCESSOIRES UND TRENDS: BLOGGER-TIPPS FÜR KLEINE LÄDEN UND GUT SORTIERTE ONLINE-SHOPS

UNDUETRE-ILARIA.COM
ILARIA FATONE
Lespetitesemplettes.com
Lamaisonpernoise.com
Stwotwenty.com

LOBSTERANDSWAN.COM
JESKA HEARNE
Supermarketsarah.com
Thefuturekept.com

LEBENSLUSTIGER.COM
ANETTE WETZEL-GROLLE
Conceptroom.de
Cominghome-Interior.de
Designdelicatessen.de

LAMAISONDANNAG.COM
ANNA GUSTAFSSON
merci-merci.com
nordkraft.com

CURATEANDDISPLAY.CO.UK
TIFFANY GRANT-RILEY
Futureandfound.com
Nakedlunge.bigcartel.com
Mournetextiles.com

WIENERWOHNSINN.AT
MELANIE NEDELKO
Fashionforhome.de
Blickfang.com

ANASTASIABENKO.COM
ANASTASIA BENKO
Porte de Clignancourt (Paris)
Flohmarkt an der Waterlooplein (Amsterdam)

SWOONWORTHY.CO.UK
KIMBERLY DURAN
Rockettstgeorge.co.uk
Miafleur.com
Anthropologie.eu

PATCHWORKHARMONY.CO.UK
CAROLINE ROWLAND
Sunburyantiques.com
Caravanstyle.com
Hehambledon.com
Teaandkate.co.uk

LOOK33-BLOG.BLOGSPOT.COM
ANETTE LAURIM
Wonenmetlef.nl
Westelm.com
Oom-to-dream.de
Hofflohmaerkte-Muenchen.de

TRANSITOINICIAL.COM
MARIA MARCET
luanord.com
federicaandco.com
lavariete.net
beriestain.com
zarahome.com

HILDEMORK.COM
HILDE MORK
Kollektedby.no
Eskeinterior.no
Remixart.tictail.com
Objektum.no

BRITTA-BLOGGT.BLOGSPOT.DE
BRITTA GUDD
Leenbakker.nl
Laifennuver.nl

MONSTERSCIRCUS.COM
METTE JAKOBSEN
Anotherballroom.com
Areastore.dk
Stilleben.dk

MADAME-LOVE.COM
ELODIE LOVE
Boutiquelesfleurs.com
Fleux.com

Impressum

© 2015
Verlag Georg D.W. Callwey GmbH & Co. KG
Streitfeldstraße 35 – 81673 München
callwey.de – E-Mail: buch@callwey.de

Bibliografische Information
der Deutschen Nationalbibliothek
Die Deutsche Nationalbibliothek verzeichnet diese
Publikation in der Deutschen Nationalbibliografie;
detaillierte bibliografische Daten sind im Internet
über <http://dnb.d-nb.de> abrufbar.

ISBN 978-3-7667-2176-1

Das Werk einschließlich aller seiner Teile ist urheberrechtlich geschützt.
Jede Verwertung außerhalb der engen Grenzen des Urheberrechtsgesetzes
ist ohne Zustimmung des Verlages unzulässig und strafbar.
Das gilt insbesondere für Vervielfältigungen, Übersetzungen, Mikroverfilmungen und
die Einspeicherung und Verarbeitung in elektronischen Systemen.

Petra Harms ist freie Autorin und schreibt u.a. für die
Zeitschrift Myself, InStyle, Elle, Jolie und Cosmopolitan. Ihr Buch „Augenschmaus" ist 2008
im Callwey Verlag erschienen, 2013 veröffentlichte sie „Wohnideen aus dem wahren Leben",
ebenfalls bei Callwey. Sie lebt und arbeitet in München.

> Projektleitung
Caroline Ditting

> Umschlaggestaltung
Ruben Preuße und Sina Häussler, Hamburg

> Grafisches Konzept, Layout und Satz
Ruben Preuße und Sina Häussler, Hamburg

> Druck und Bindung
Mohn Media Mohndruck, Gütersloh

> Bildnachweis / Illustrationen
Alle Bilder sind von den jeweiligen Bloggern
zur Verfügung gestellt worden.
Die Rechte sind denen vorbehalten.

Printed in Germany